LES

PRISONNIERS DE VONCQ

ÉPISODE

de

l'Invasion Allemande dans les Ardennes

AOUT & SEPTEMBRE 1870

par

A. DELOFFRE.

LANDRECIES

IMPRIMERIE & LIBRAIRIE DE PAUL DELOFFRE.

LES PRISONNIERS DE VONCQ

ÉPISODE

de l'Invasion allemande dans les Ardennes

Août et Septembre 1870

PAR A. DELOFFRE

I

C'était le dimanche 26 août 1870. Une pluie torrentielle avait détrempé les routes des Ardennes et les avait recouvertes dans l'arrondissement de Vouziers, d'une boue grasse, formée par le limon de la vallée de l'Aisne Les chemins et les bivouacs étaient détestables.

Le 1er corps de l'armée de Châlons, commandé par le général Ducrot, était campé sur le côteau de Neuville et sur le plateau de Voncq, à gauche de l'ancienne voie romaine qui menait de Reims à Tréves. La division de cavalerie du général Michel occupait la vallée du côté de Terron

A cinq heures du matin, le général Ducrot reçoit du maréchal Mac-Mahon une dépêche, qui lui enjoint de se porter en avant, et de rallier a tout prix l'armée de Metz. (1) Dans ce but, le 1er corps devait se porter sur le Chesne et y remplacer le 12e commandé par le général Lebrun. Les quatre divisions, sous les ordres des généraux Wolf, Pellé, L'Hérillier et de Lartigue, s'ébranlent et se dirigent sur le Chesne (2) par la route des Alleux, en s'engageant dans les défilés de l'Argonne, que Dumouriez, en 1792, appelait les Thermopyles de la France.

---

[1] La journée de Sedan, par le général Ducrot. — Paris. — E. Dentu, 1871.

[2] Chesne-le-Populeux (le) sur le canal des Ardennes [*Villa de Quercu, Quercus pediculosa*). Population : 1,548. — *Géographie historique du département des Ardennes*, par Jean Hubert, 1856.

Pendant qu'un bataillon du 1er zouaves et un escadron du 10e dragons, formant l'arrière-garde, échangent, sur la rive gauche du canal des Ardennes, une fusillade assez vive, mais sans résultat, avec les éclaireurs ennemis qui harcellent l'armée française, le général Wolf, accompagné du commandant du génie Barrillon, fait couper le pont de Voncq Quatre cents hussards de Westphalie, commandés par le major Seydlitz, sont arrêtés dans leur marche par la destruction de ce pont et ne peuvent pénétrer dans le village de Voncq (1).

Le lendemain, les cavaliers ennemis franchissent l'Aisne à Vandy, tournent le village de Voncq par le versant de Terron, et vers neuf heures et demie du matin, un peloton de trente hussards environ, appartenant à divers régiments, débouche sur la place de Voncq. Les uns portent le dolman vert avec brandebourgs jaunes et colback à flamme jaune. Les autres, et c'est le petit nombre, ont un dolman bleu de ciel bordé de jaune.

II

Après le départ du 1er corps, il était resté dans les cabarets de Voncq une vingtaine de soldats, ou plutôt de traînards sans conduite et sans discipline, qui tout en conservant leurs pantalons d'ordonnance, s'étaient revêtus de blouses Réfugiés dans les maisons, les soldats français tirent quelques coups de fusil sur les éclaireurs ennemis. L'un d'eux tombe avec son cheval et forme obstacle au passage ; cinq ou six autres chevaux lancés à toute vitesse s'abattent au même endroit entraînant leurs cavaliers. Au même instant, la trompette sonne, un jeune officier presque imberbe se dresse sur ses étriers et s'écrie en bon français : « A feu et à sang, n'épargnez personne. »

L'alarme est jetée dans la commune ; la panique se répand parmi les habitants. Les femmes, les enfants, les vieillards épouvantés, prennent la fuite et vont se réfugier dans les bois

---

(1) Voncq, près de l'Aisne *(Vongensis pagus, Voncus, Vongensus, Vongues-lez-Attigny)*, 937 habitants. A 41 kilomètres de Mézières, 11 kil. de Vouziers. 9 kil. d'Attigny.

ou dans les vignes. Au milieu du désarroi général les soldats Français s'esquivent et abandonnent le malheureux village à lui-même.

L'un de ces soldats, ivre, s'était armé d'un fusil de chasse; mais en s'enfuyant il voulut le jeter encore chargé. Le propriétaire du fusil, M. Honoré Charlier, le lui reprend pour le cacher dans les champs. A peine est-il dans les jardins que les cavaliers ennemis le poursuivent à travers les vignes. Se voyant perdu, il ajuste celui qui est le plus rapproché et le tue raide. Une minute après, il restait lui-même étendu à terre, la tête percée de deux balles et fendue de coups de sabre. Il fut trouvé dépouillé de son argent; son porte-monnaie était ouvert sur sa poitrine.

Les hussards, dont le nombre s'accroît à chaque instant, parcourent les rues du village, cassent les vitres, enfoncent les portes, poussent des cris sauvages et poursuivent à coups de sabre les habitants Ils tirent des coups de carabine et de révolver sans respecter les maisons où flotte le drapeau d'ambulance. Leur fureur est effrayante; ils ont les yeux injectés de sang et l'écume à la bouche. C'est une véritable invasion de barbares.

Pour comble de cruauté, les Allemands mettent le feu aux quatre coins du village avec des allumettes chimiques fournies par les habitants eux-mêmes et ils activent l'incendie avec de l'essence de pétrole. L'église, la mairie, la maison d'école, le presbytère sont voués à la ruine. Les huit principales rues de Voncq sont détruites par le feu. Cent trente-huit ménages se trouvent sans asile et sans meubles.

Pendant que cet important village du canton d'Attigny devenait la proie des flammes, comme il l'avait déjà été lors de la première invasion allemande, en 1792 (1), le major de Seydlitz admirait son œuvre et contemplait avec satisfaction les ruines amoncelées par ses ordres.

---

1 Une rue du village de Voncq porte le nom de *rue du 24 Septembre 1792* et rappelle la date du premier incendie. Ce nom lui a été donné récemment.

Le village de Voncq, situé sur le sommet d'un côteau, au pied duquel coulent la rivière d'Aisne et le canal des Ardennes, domine le pays environnant et les flammes de l'incendie furent aperçues pendant quatre jours, à cinq et six lieues à la ronde. La fumée ne s'éteignit que le huitième jour.

Que de misères, que d'infortunes infligées à une population inoffensive ! Quand le roi Guillaume, dans une de ses proclamations lues publiquement sur la place de Vouziers, le 28 août, disait : « Le roi de Prusse ne fait la guerre qu'à l'armée et à l'empereur, et non à la nation française, » il mentait effrontément La tactique des armées prussiennes était, en effet, de ruiner le pays qu'elles traversaient, de terrifier les populations et de leur faire supporter le poids et les charges de la guerre

III

Les malheurs de Voncq ne devaient pas s'arrêter là L'incendie n'avait pas suffi à apaiser la rage des hussards prussiens; après la destruction des maisons, leur haine et leur vengeance allaient s'exercer sur des habitants inoffensifs.

Tout en promenant dans le village la torche incendiaire, les Allemands s'emparent de tous les hommes qu'ils peuvent rencontrer dans les champs, dans les rues et même dans les maisons (1). Ils les arrachent sans pitié à leurs familles, à leurs femmes, à leurs enfants éplorés et ils en font leurs prisonniers. Et pourtant ces malheureux villageois n'étaient pas armés, ils n'avaient pris aucune part à la fusillade. Ils étaient innocents; mais qu'importe la justice à ceux qui ont pour devise : « La force prime le droit »

Vers onze heures du matin, les prisonniers sont réunis sur la place du village Ils sont au nombre de trente-trois parmi lesquels se trouvent l'instituteur communal, un notaire, un major de cavalerie en retraite et un enfant de quatorze ans

---

1. M. V... fut arrêté au moment où il relevait un soldat tombé blessé en face de son habitation.

M. L.... rentrait chez lui revenant du presbytère où des soldats l'avaient forcé de les accompagner quand il fut pris, garrotté et emmené prisonnier.

Les autres sont des cultivateurs honnêtes et pacifiques.
Plusieurs d'entre eux, saisis à l'improviste dans leurs domiciles,
sont sans coiffure, à peine chaussés et imparfaitement vêtus.
L'un a la figure ensanglantée par suite des mauvais traitements
qu'il a subis ; un autre a échappé miraculeusement à un coup
de mousqueton tiré sur lui.

Au lendemain de cette honteuse journée, le roi Guillaume
s'empressa d'expédier à Berlin, pour la plus grande gloire de
ses sujets, la dépêche suivante :

Grandpré, le 30 août 1870.

« Le village de Voncq, entre Vouziers et Attigny, occupé par
» des troupes d'infanterie, surtout des turcos, a été pris hier
» par deux escadrons de hussards prussiens.

» Le village est sur une hauteur et la position est forte.
» Les troupes qui le défendaient ont été faites prisonnières. » (1).

Peut-on s'imaginer une victoire plus brillante que celle rem-
portée sur vingt soldats, sans chef, sans direction, manquant
d'ordre, de discipline, allant à la débandade et la plupart
ivres? Les trophées n'avaient pas manqué non plus aux illustres
vainqueurs. Ils s'étaient emparés de deux drapeaux : celui de la
mairie et celui de la compagnie de pompiers. Mais la dépêche
royale avait omis de mentionner l'assassinat d'un vieillard sans
défense (le sieur Lebée, Jean-Pierre), massacré malgré ses 78 ans,
sous les yeux de sa belle-fille et de son petit-fils.

Des défenseurs improvisés de Voncq, trois furent pris par
l'ennemi. C'étaient des zouaves. Les autres purent rejoindre la
colonne française et assistèrent sans doute au désastre de Sedan,
où le 1er corps, à Givonne et à Daigny, perdit 800 hommes, dont
80 officiers tués ou blessés.

---

1. Une dépêche en date a Varennes du 30 août, 2 heures 20 minutes du soir,
s'exprime en ces termes sur le même événement : « .... Deux escadrons de
» hussards prussiens ont pris d'assaut le village de Voncq où ils ont fait de
» nombreux prisonniers : turcos, fantassins et pompiers » Signé de Podbielski.
Recueil des dépêches militaires allemandes. — Guerre 1870-1871. — Paris,
A. Lacroix et Cie 1871.

IV

Les trente-trois prisonniers de Voncq, garrottés étroitement, les mains liées derrière le dos, sont attachés quatre par quatre à la selle des chevaux. Une cinquantaine de hussards les escortent en leur faisant essuyer toutes les brutalités imaginables. Le triste cortége prend la route de Terron et se met en marche vers la ville de Vouziers A peine est-il sorti de Voncq, après avoir parcouru un kilomètre, que le chef du détachement commande *halte!* et ordonne à ses soldats de fouiller les prisonniers.

Les hussards s'empressent d'obéir; de soldats ils deviennent voleurs de grands chemins et avec une dextérité qui laisse supposer que ces *Cartouche* en uniforme prussien n'en sont pas à leur coup d'essai, ils volent à l'un son portefeuille, contenant deux mille francs en billets de banque, à l'autre sa montre en argent, à un troisième une somme de 65 francs et sa montre en or Enfin, le chef s'octroyant la part du lion, s'empare d'une somme de 990 francs en or que portait un maréchal-ferrant et qu'il avait sauvée de l'incendie de sa maison. C'était le fruit d'économies laborieusement et longuement amassées. L'officier en faisant main basse sur cette somme, fait comprendre par signes qu'elle s'élève à 1,000 francs moins 10 francs. Singulière soustraction !

Les brigands légendaires de la Calabre, détroussant les voyageurs, pâlissent devant ces bandits de l'Allemagne, voués à l'exécration publique.

Alors commence pour les infortunés prisonniers une longue suite de peines, de misères, de souffrances, d'angoisses, pendant qu'ils parcourent ce pénible calvaire. Leurs féroces ennemis ne leur épargnent aucun mauvais traitement.

Les prisonniers passent par Terron, dont le territoire est couvert de vignes et de monts boisés, traversent la plaine de Vandy, berceau des Comtes de Rouçy et patrie de Jean Voulté, poête du XVIe siècle, franchissent la rivière d'Aisne sur le pont de cette commune et à midi arrivent à Vrizy, dans la vallée de l'Aisne

Pendant ce trajet, le commandant du détachement force les infortunés captifs à se retourner plusieurs fois afin qu'ils puissent contempler l'incendie de leur village, dont les flammes rougeâtres s'élèvent en tournoyant dans les airs. Quel spectacle déchirant pour ces malheureux qui voyaient au loin le feu consumer leurs maisons, leurs mobiliers, leurs richesses !

Par un raffinement de cruauté, ces barbares soldats menacent de mort ces innocentes victimes ; de temps en temps ils les font mettre en rang le long des murs et des fossés de la route et dirigent sur leurs poitrines le canon de leurs mousquetons, comme pour les fusiller. — Les malheureux devaient supporter ces tortures sans murmurer et sans se plaindre. Le silence le plus absolu est exigé. C'était bien un silence de mort interrompu seulement par les jurons et les injures grossières des hussards. Les Prussiens n'épargnent ni les soufflets, ni les coups de pied, ni les crachats. Malheur à qui porte la moindre trace de sang, il devient le point de mire de ses farouches gardiens.

A Vrizy, l'honorable major Verrier se voit arracher son ruban de chevalier de la Légion d'honneur. Il semblait aux Prussiens que cet insigne de l'honneur et de la bravoure leur faisait honte.

Dans le même lieu, le sieur Daire-Lebée, dont la figure était déjà en sang, reçoit un coup de pointe de sabre qui met à nu ses entrailles. Malgré les douleurs que lui occasionne cette blessure d'où coule le sang et qui épuise ses forces, il a le courage de se traîner jusqu'à Vouziers, où il est enfin recueilli par une ambulance suisse, installée dans cette ville.

Il était une heure de l'après-midi, quand les prisonniers arrivèrent à Vouziers.

V

La ville de Vouziers, chef-lieu d'arrondissement, a été, en 1792, à l'époque de l'invasion des Prussiens, un point stratégique assez important. Il s'est livré dans ses environs, à la Croix-au-Bois, sur la route de Vouziers à Montmédy, en septembre 1792, un combat où le prince de Ligne fut tué.

En 1840, le gouvernement s'occupa activement de la confection de divers projets relatifs à la fortification de la place de Vouziers. Sur les avis du comité de défense de 1836, dont l'opinion générale a prévalu aussi pour le système des fortifications de Paris, le maréchal Soult demanda 75 millions pour la construction de quatre nouvelles places fortes, parmi lesquelles était Vouziers (1).

Les études ordonnées par le ministre de la guerre n'eurent pas de suites et la question des fortifications de Vouziers fut abandonnée. Vouziers est restée une petite ville ouverte, à l'aspect champêtre. Elle consiste presque en une seule rue ; mais elle est propre et assez bien bâtie.

Le 29 août 1870, la ville de Vouziers et ses environs étaient occupés par les 2e, 4e, 5e et 6e divisions de cavalerie allemande, commandées : la 4e par le prince Albrecht, frère du roi de Prusse; la 5e par le baron de Rheinbaben; et la 6e par le duc Guillaume de Mecklembourg.

Les prisonniers sont déposés dans la salle très-étroite du greffe de la justice de paix de Vouziers, sous la garde de soldats d'infanterie. Des femmes venues de Voncq pour voir leur maris ou leurs enfants, ne peuvent approcher de leurs chers prisonniers. A peine peuvent-elles leur faire entendre quelques paroles entrecoupées. L'entrée de la mairie, transformée en prison leur est interdite

Les malheureux supportent leur infortune avec calme, dignité et résignation. Convaincus de leur fin prochaine, plusieurs d'entre eux s'empressent d'écrire au crayon leurs dernières volontés. Cependant ils regardent la mort en face et ils prennent la résolution de mourir sans peur et sans reproches (2).

Dans ces douloureuses et terribles circonstances, un prêtre fit preuve d'une admirable charité et d'un courage au-dessus de tout éloge.

---

1. Chronologie des vicomtes et seigneurs de la terre de Vouziers, par C. Pale. — 1843.

2 Récit fait en notre présence par M. L.., l'un des prisonniers de Voncq.

Dès qu'il fut prévenu de la présence des prisonniers de Voncq, M. l'abbé Bouché, curé-archiprêtre de Vouziers, résolut de sollic ter leur grâce. Guidé par un aumônier allemand, il se rend auprès d'un général prussien qui lui répond brutalement : « Ce sont des brigands, ils méritent la mort et ils mourront. » Toutefois, il l'autorise à les aller visiter

Le digne pasteur ne se décourage pas et tente une nouvelle démarche auprès d'un autre chef ennemi. A deux reprises, il se présente devant le duc Guillaume de Mecklembourg, qui présidait un conseil de guerre à l'Hôtel-de-Ville, et leur recommande les innocents prisonniers de Voncq. Il lui est alors permis de leur adresser quelques paroles et il ne peut le faire que par les fenêtres du greffe, et en gravissant les degrés de la mairie (1).

Un honorable habitant de Vouziers, M. D...., maire de la ville, s'occupa également avec un vif intérêt des prisonniers de Voncq, qui le prièrent d'intercéder pour eux et de défendre leur cause devant les autorités prussiennes Ses sollicitations ne furent pas écoutées, et quand il revint rendre compte de son entrevue, il eut la douleur d'annoncer aux malheureux captifs que leur dernière heure allait sonner. Toute lueur d'espoir était perdue pour eux. Sur l'escalier communiquant au greffe, c'est un va-et-vient continuel. Les officiers et les soldats qui encombrent le vestibule insultent les prisonniers, leur crient qu'ils sont jugés et qu'ils vont être fusillés.

Par l'ordre du duc de Mecklembourg, les trente-deux prisonniers sont extraits du greffe et placés sous la surveillance d'une trentaine de cuirassiers du 6e régiment de Brandebourg. Ils sont de nouveau liés quatre par quatre à la selle des chevaux; mais cette fois leurs mains sont laissées libres. Puis, les prisonniers ainsi escortés, sont promenés à travers la Grande-Rue de la ville et livrés en spectacle aux habitants effrayés. Cette mesure n'avait sans doute pour but que de terrifier la population. Les Prussiens agissaient sur le peuple par voie d'intimidation et voulaient donner des exemples de leur férocité dans la vengeance

---

I. Notes autographiées de M. B....., sur l'invasion allemande dans l'arrondissement de Vouziers.

Tout-à-coup le bruit se répand que les captifs vont être fusillés. M. l'abbé Bouché se jette aux pieds de l'officier qui commande le peloton, et le supplie de lui accorder au moins une heure de répit, pour préparer les captifs à la mort et leur donner les derniers secours de la religion. L'officier lui répond à voix basse : « N'ayez pas peur, ils ne mourront pas, le roi seul doit statuer sur leur sort. »

En ce moment, un coup de révolver parti subitement par suite du saubresaut d'un cheval, blesse une jeune fille à la poitrine et achève de terrifier la foule.

La colonne continue à parcourir la Grande-Rue, sort de Vouziers, au lieu dit le Moulin-à-Vent, tourne à gauche, traverse les champs et gagne la route de Monthois.

L'un des prisonniers (le sieur Miroy, Edouard), paralytique dès l'enfance, avait été pris chez son frère où il demeurait. Attaché entre deux de ses compagnons qui, pour le soutenir, étaient obligés de ralentir leur marche; il avançait péniblement, exténué de fatigue. Les cuirassiers, pour le stimuler, le rouaient de coups, le piquaient avec leurs sabres, mais n'obtenaient rien. Les forces trahissaient le courage du pauvre paralytique. Arrivé à un kilomètre de Vouziers, au lieu dit le Bois-de-l'Accord, il lui est impossible d'avancer. « Tuez-moi plutôt, dit-il à ses bourreaux. » Des cuirassiers traînent l'infortuné dans le fossé de la route, tirent sur lui deux coups de révolver et laissent là son cadavre.

Ce ne fut que le surlendemain, vers trois heures de l'après-midi, que M. l'abbé Bouché put faire retirer du fossé le corps du sieur Miroy pour lui donner la sépulture Les prussiens voulaient que le cadavre de leur victime restât en pâture aux chiens et aux oiseaux de proie. Ces êtres inhumains ne respectaient même pas la mort et foulaient aux pieds les usages les plus sacrés.

Pendant que se commettait ce crime odieux, la colonne continuait sa marche sur Monthois, où elle arriva vers cinq heures du soir.

VI

Monthois est un gros village situé à dix kilomètres de Vouziers. Il est bâti sur un mont crayeux, dont les flancs sont recouverts d'un sable noir un peu limoneux.

Cette commune, qui ne compte que 651 habitants, était encombrée de Prussiens faisant partie de la 5e division de cavalerie.

Les prisonniers se croyaient au terme de leur pénible voyage et comptaient sur un repos bien mérité Leurs espérances furent vaines. La halte ne dura que peu d'instants; ils eurent à peine le temps de respirer et de reprendre haleine

Le général qui commandait à Monthois leur fait subir un interrogatoire, afin de savoir si ce sont eux qui ont tiré sur les hussards prussiens. Les prisonniers protestent de leur innocence et un des soldats français, qui se trouve parmi eux en costume civil, sort des rangs et confirme leurs dires en déclarant que lui seul a pris part à la lutte qui eut lieu dans le village (1).

Le soldat fut séparé de ses compagnons d'infortune, qui n'en furent pas moins traités avec la plus grande dureté.

Le général donne l'ordre de les ramener à Vouziers; les malheureux reprennent la route qu'ils viennent de parcourir, exténués de fatigue, mourant de froid et de faim. Ils arrivent enfin à leur destination à neuf heures du soir, après avoir fait trente kilomètres à pied et sans avoir reçu la moindre nourriture depuis leur départ de Voncq.

On les entasse de nouveau dans la salle du greffe de la justice de paix et on ne leur donne même pas un morceau de pain.

VII

Le lendemain mardi, à huit heures du matin, après une nuit d'angoisses, de souffrances physiques et morales, les prisonniers reçoivent, pour la première fois depuis vingt-quatre heures et pour la journée, une ration de 300 grammes de pain noir et de l'eau C'est ainsi qu'ils seront traités jusqu'au dimanche soir : 300 grammes de pain et de l'eau ! juste de quoi ne pas mourir de faim

---

1 Les Prussiens dans les Ardennes. — Reims — 1872.

Le village de Voncq continue à brûler Toute la partie haute, comprise entre l'ancien cimetière et la rue des Moulins, est réduite en cendres Les hommes en grand nombre sont retirés dans les bois qui leur servent de refuges et leur épargnent le même sort que celui de leurs compatriotes, enlevés par les Prussiens.

A l'incendie succède le pillage.

Dans la journée du 31, un corps de dix mille allemands s'établit dans le village, après avoir obligé les habitants et même les femmes à rétablir le pont détruit par le génie français. Les maisons qui avaient échappé à l'incendie sont pillées de fond en comble, ainsi que les caves des maisons brûlées où un grand nombre considérable d'objets ont été descendus, le dimanche précédent, dans la crainte d'une bataille. Vins, comestibles, vêtements, linge, chevaux, vaches, moutons; les Prussiens prennent tout, emportent tout. Il opèrent sur une large échelle, les officiers partagent le butin avec les soldats. C'est le pillage organisé, l'ordre dans le désordre. « C'est le droit de la guerre. » disent-ils. La guerre donne-t-elle donc le « droit au vol. » ?

Il se passe alors des scènes indescriptibles. L'église est saccagée, le tronc des pauvres est fracturé, les ornements sacerdotaux mis en lambeaux. Par dérision, un soldat s'affuble des habits du suisse de la paroisse, monte sur un âne et parcourt les rues du village, au milieu des rires de ses camarades. Sinistre comédie !

C'est ainsi que les Prussiens préludaient à leurs hideux exploits de Bazeilles

Le même jour, et pendant que les Prussiens accomplissent ces actes de sauvagerie dans leur village, les trente et un prisonniers de Voncq quittent Vouziers escortés par la gendarmerie prussienne.

Partis vers quatre heures, ils arrivent dans la soirée à Attigny, où ils sont enfermés dans l'église, dont nous allons donner une description sommaire.

VIII

L'église d'Attigny est de style roman et ogival Elle se compose de deux parties bien distinctes, la tour et l'église (1). La tour du clocher qui date du xie siècle est massive et pesante (2). Elle est percée de deux fenêtres à plein cintre, séparées l'une de l'autre par une colonnette cylindrique. Cette tour semble détachée du reste de l'édifice avec lequel cependant elle fait corps L'église est du xiiie et du xive siècles et paraît avoir été bâtie sur l'emplacement de celle qui faisait partie du palais des rois de la seconde race

Dans la nef, les pilliers multicolonnes sont surmontés de chapiteaux à têtes grotesques et à feuilles indigènes. Les clefs des voûtes qui sont ogivales et à nervures cylindriques et anguleuses, sont encore pour la plupart ornées de figures de rois ou d'empereurs en relief avec la couronne en tête, ainsi que de fleurs et de fruits exécutés avec la plus grande délicatesse; des vitraux modernes, dont quelques-uns sont d'un coloris éclatant, ont été ajoutés aux restes nombreux et intéressants de vitraux anciens d'un beau travail.

Dans une chapelle latérale, un tableau représente l'empereur Charlemagne faisant baptiser, à Attigny, les fameux chefs des Saxons, Witikind et Albion (786); dans l'autre chapelle, à gauche, une peinture due au même pinceau reproduit le concile tenu dans le palais d'Attigny, sous la présidence de Saint-Chrodegand, évêque de Metz (765).

A l'extérieur, les murs des pignons sont chargés de sculptures figurant des animaux fantastiques, des sphynx, des ornements bizarres. Les gargouilles sont formées par des monstres Les contre-forts soutiennent des clochetons sculptés; sur d'autres sont gravées des inscriptions funéraires des xve et xvie siècles. Sur une pierre est écrit le nom du fondateur d'une des chapelles:

IO. GODART CANTOR REMENSIS

MDCXXII

---

1. Statistique monumentale du Diocèse de Reims. — Travaux de l'académie impériale de Reims. — Année 1852-1853.

2 Attigny avec ses dépendances, ses palais, ses conciles par H. L. Hulot.

Bien qu'édifiée à plusieurs reprises et rappelant des époques différentes, l'église d'Attigny est un monument historique remarquable et digne d'intérêt, surtout dans un siècle où on ne semble attacher de prix qu'aux choses nouvelles et changeantes.

Les prisonniers de Voncq sont parqués comme un vil troupeau, dans cette partie de l'église qui est séparée du cœur et des chapelles latérales par des grilles en fer. Ils ont à subir les rigueurs des premières nuits froides et humides de l'automne Ils n'ont pour couche que des bancs de bois Les minces vêtements d'été ne les garantissent qu'imparfaitement contre le froid; la faim fait sentir son dur aiguillon

Les Prussiens consentent enfin à leur apporter une soupe grossière que des soldats gorgés de nourritures, n'avaient pu manger

Ce brouet malsain est distribué aux malheureux affamés qui, chacun à leur tour, en prennent leur part avec la même écuelle

Pour ne pas demeurer dans l'obscurité qui les enveloppe, dès que le jour a disparu, ils enlèvent les bougies dont les lustres de l'église sont garnis, les allument et se rassemblent par petits groupes autour de chacune de ces bougies, fixées sur une chaise ou sur un banc. Les lueurs incertaines de cette illumination d'un nouveau genre, donnent à l'intérieur de l'édifice un aspect fantastique.

Les exercices du culte sont suspendus; l'église est fermée comme l'était autrefois, en temps de paix, chez les Romains, le temple de Janus. Toutes les issues en sont gardées par des soldats vigilants. L'un des captifs tente, mais en vain, de s'évader en escaladant une fenêtre.

L'entrée de l'église est formellement interdite aux parents et aux amis des prisonniers Cependant quelques personnes charitables de la ville trouvent moyen de pénétrer jusqu'à eux, sous la conduite et sous la surveillance d'un officier, et leur font distribuer de la soupe, du vin, des chaussures et quelques vêtements.

Par intervalles, des patrouilles d'infanterie s'arrêtent devant le portail, se forment en peloton, comme si les prisonniers étaient sur le point d'être passés par les armes. Puis, on fait sortir de l'église les malheureux captifs, par petits groupes, les mains enchaînées, sous prétexte de les conduire devant le conseil de guerre, présidé par un officier de gendarmerie et établi dans une salle du presbytère.

Ces allées et venues, ce lugubre appareil de justice militaire terrifiaient la population, qui avait déjà à supporter les charges écrasantes de l'invasion ennemie.

IX

Le 6e corps de Silésie, sous le commandement du général en chef Von Tümpling, de sinistre mémoire, s'était établi à Attigny dans le but de couper la retraite à l'armée française. Des réquisitions écrasantes en beurre, œufs, poulets, vaches, chevaux, avoine, pain, avaient été faites par le major Cruger, du 63e régiment d'infanterie.

Dans la soirée du 1er septembre, une musique militaire se fait entendre sous les fenêtres de la maison de Mme Desmont, où est fixé le quartier général. Après un dîner plantureux, Von Tümpling et quarante officiers de son état-major et de sa division sont assis autour d'énormes bols de punch comme autour d'un feu de joie ; ils engloutissent avidement quatre-vingts bouteilles de champagne...... réquisitionnées. Les chants nationaux se mêlent aux danses excentriques. Dans les rues, les soldats se livrent aux démonstrations de la gaieté la plus vive.

L'armée prussienne célèbre une victoire. La nouvelle de la bataille de Sedan vient, en effet, d'arriver au quartier général. La défaite de l'armée française est la cause de ces danses, de ces chants, de ces réjouissances bruyantes qui, le lendemain recommencent avec plus d'intensité encore, après la reddition de Sedan et l'anéantissement de l'armée de Châlons.

Nos ennemis voyaient la fin de la guerre et ils étaient vainqueurs !

Pendant ces saturnales, les prisonniers se morfondaient dans l'église. Un supplice sans trève les minait lentement.

Cinq jours s'écoulent tristes et sombres.

Le samedi 3 septembre, les prisonniers évacuent l'église d'Attigny et sont dirigés sur Juniville.

X

Des soldats d'infanterie prussienne forment le détachement auquel est confiée la garde des captifs Ceux-ci sont placés par quatre de front Leurs mouvements sont laissés libres. On leur adjoint une pauvre villageoise en haillons et en sabots, que des soldats ont emmenée avec eux, sous le fallacieux prétexte qu'elle a empoisonné leurs camarades. Bien qu'il n'existe aucune preuve de sa culpabilité, la malheureuse est traînée à la suite du triste cortége.

Les Prussiens arment leurs fusils avec des cartouches. Ils ne s'avanturent pas sans précautions à travers une contrée ennemie. Déjà l'avant-veille une partie de la division Hoffmann s'était portée nuitamment sur Rethel, pour couper la retraite au général Vinoy et au 13e corps français.

Huit heures sonnent à l'horloge du dôme (1). Le ciel est gris et chargé de nuages; la pluie, qui n'a cessé de tomber toute la nuit, menace de recommencer.

La troupe se met en marche, traverse sur un sol crayeux Saulce-Champenoise, le Menil-Annelles, sur la route de Rethel à Vouziers et gagne Juniville, bourg considérable de l'arrondissement de Rethel.

Durant ce parcours, les fantassins prussiens, quoique fort durs en paroles, se montrent moins inhumains que les hussards de Wesphalie et les cuirassiers de Brandebourg.

Pendant que la plupart des soldats ne cessent de torturer les prisonniers en leur criant : « vous fusillés, vous capout. » un jeune sergent se fait remarquer par son langage bienveillant, qui remet un peu d'espoir au cœur des prisonniers, en les

---

(1) *Maison de Ville* d'Attigny. On trouve cette ancienne dénommination dans un marché, en date du 5 novembre 1682, qui existait dans l'étude de feu M· Pierret, notaire à Attigny.

rassurant sur l'avenir. — « Vous nix fusillés, leur disait-il, en baragouinant quelques mots en mauvais français, vous rester prisonniers peut-être, mais pas fusillés. » Ce brave garçon avait été annexé à la Prusse en 1866 et il se rappelait que ses compatriotes avaient eu à subir un sort aussi cruel.

Comme à Attigny, les prisonniers sont détenus dans l'église de Juniville. Le curé de la paroisse et l'institutrice, originaire de Voncq, leur font distribuer de la soupe, du vin, du linge et des chaussures.

Dans la journée, le duc Guillaume de Mecklembourg, venant de Sedan, était arrivé à Attigny avec une escorte silésienne (1). Après de vives instances, que lui avait déjà adressées M. le Maire de Vouziers et qui lui sont réitérées par M. L.... et M. D... , d'Attigny, au domicile duquel il s'est installé, le duc consent enfin à faire mettre en liberté le major Verrier. Un exprès est expédié à Juniville, y arrive dans la soirée et délivre le seul prisonnier que l'intraitable général ait consenti à relâcher. M. Verrier est laissé prisonnier sur parole. Un officier le met en liberté, en lui faisant promettre, par serment, de se représenter le lendemain devant l'autorité prussienne et en l'obligeant à lui donner le nom de la personne chez laquelle il allait se réfugier.

Après avoir passé la nuit dans l'humide église de Juniville, les trente prisonniers de Voncq partent à onze heures du matin et se rendent à Reims, en passant par Menil-Lepinois, Warmeriville et Vitry. Ils arrivent à Reims à neuf heures du soir, pâles, défaits, ployant sous le poids de la fatigue, épuisés par les insomnies et les inquiétudes, presque tous atteints de dyssenterie, mourants de faim.

On les jette en prison comme des criminels et on les entasse, d'une façon odieuse, dans une salle étroite et insuffisante.

Le géôlier français leur fit l'aumône de quelques aliments.

---

(1) Après le départ du duc de Mecklembourg, le prince royal de Prusse vient à Attigny, le 4 septembre, suivi de princes et de comtes, parmi lesquels le Prince Hohenzollern, cause de la guerre.

XI

Le lendemain de leur arrivée, le roi de Prusse fit son entrée dans la ville de Reims. C'était le lundi 5 Septembre (1).

Le lieutenant Von Albert, de la police royale, attaché au service personnel du roi, était logé, avec deux de ses collègues, chez M. Louis Brébant, docteur en médecine, conseiller municipal, qui avait habité Voncq de 1853 à 1864.

En apprenant la présence, à Reims, de ses anciens compatriotes, le docteur Brébant forme le généreux projet de les délivrer. Grâce à l'intervention du lieutenant de police, il pénètre auprès des prisonniers de Voncq, qui ont été transférés de la prison dans la caserne de la ville. Avec l'aide de la Société de secours aux blessés, il leur fait obtenir du linge, du vin et des aliments en quantité suffisante.

M. Brébant est soutenu dans sa noble tâche par le respectable archevêque de Reims.

Ayant appris, le dimanche 11 septembre, qu'un certain nombre de ses diocésains étaient détenus injustement dans les prisons de la ville, Mgr. Landriot se rend lui-même, le lendemain matin, auprès du grand-duc Guillaume de Mecklembourg-Swerin pour lui demander la grâce des prisonniers.

Ce prince, plus humain que son cousin, le duc Guillaume, écoute favorablement la demande du digne archevêque. Il s'empresse d'instituer une Commission militaire qui, dans l'après-midi, sous la présidence d'un capitaine, se réunit pour statuer sur leur sort. Le docteur Brébant plaide devant elle avec chaleur la cause des prisonniers. Ses généreux efforts sont couronnés de succès.

Les prisonniers sont déclarés innocents et mis immédiatement en liberté.

Le dévouement de Mgr. Landriot et du docteur Brébant leur avait sauvé la vie.

---

(1) 42ᵉ dépêche militaire allemande.

XII

Heureux de leur délivrance et bénissant leurs protecteurs, les prisonniers se hâtent de quitter Reims, munis de passeports prussiens. Il est sept heures du soir. Qu'importe ! L'amour de leur clocher leur donne des ailes.

Ils parcourent à pied, à travers les terres de la Champagne, les neuf lieues qui séparent Reims de Pauvres, petite commune qui porte un misérable nom. De là, ils sont transportés en voiture pendant un trajet de trois lieues et ils arrivent enfin à Voncq, le lundi 12 septembre, à onze heures du matin.

Ils retrouvent, pour la plupart, leurs maisons en cendres, leurs richesses détruites et le village occupé par les Bavarois et les Saxons

La joie d'être libres, le bonheur de revoir leurs familles et de revivre au milieu de parents et d'amis qui pleuraient leur absence, font oublier un moment, aux prisonniers de Voncq, leurs maux et leurs fatigues. Mais le souvenir de leur long martyre ne pourra s'effacer de leur mémoire et ils ne cesseront de maudire les barbares auteurs des peines et des souffrances qu'ils ont endurées pendant quatorze jours de captivité.

A. DELOFFRE.

Attigny *(Ardennes)*, le 20 octobre 1872.

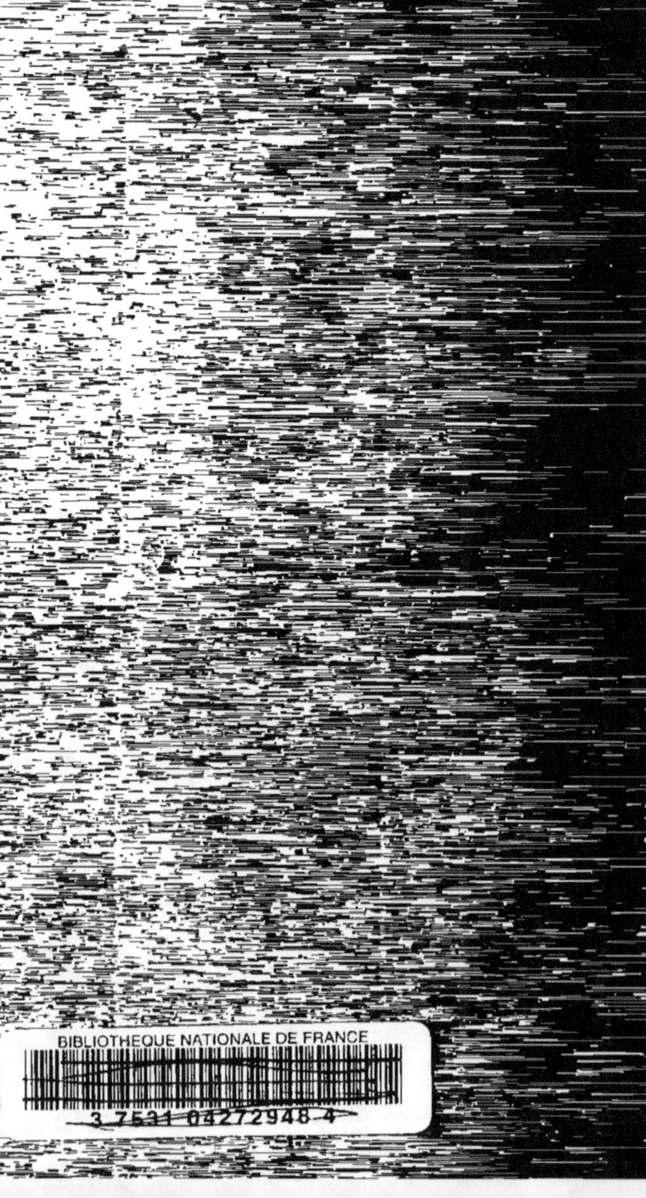